A. M. Behnam

An meine muslimischen Freunde

A. M. Behnam

An meine muslimischen Freunde

„Kaufe Wahrheit und verkaufe sie nicht."

König Salomo in Sprüche 23,23

CSV
Christliche Schriftenverbreitung
Postfach 10 01 53, 42490 Hückeswagen

Die englische Originalausgabe erschien unter dem Titel „To My Muslim Friends" in dem Verlag Overcomer Press, Michigan, USA.

Die Bibelstellen sind nach der im gleichen Verlag erschienenen „Elberfelder Übersetzung" (Edition CSV Hückeswagen) angeführt.

2. überarbeitete Auflage 2010

Umschlaggestaltung: Christliche Schriftenverbreitung
Satz und Layout: Christliche Schriftenverbreitung
Druck: CPI – Ebner & Spiegel, Ulm
ISBN: 978-3-89287-621-2

www.csv-verlag.de

Inhaltsverzeichnis

Vorwort 7

Einleitung 8

1. Die Heilige Schrift 12
   Ein Überblick 12
   Wurde die Bibel verändert? 17

2. Die Kreuzigung 24
   Einleitung 24
   Ist der Tod Christi eine Tatsache? 24
   Ist der Tod Christi wichtig? 37

3. Die Dreieinheit 52
   Ist die Dreieinheit gleichbedeutend mit
   Polytheismus (Vielgötterei)? 52
   Die Bedeutung der Dreieinheit 54

Zusammenfassung 69

Vorwort

Sowohl in meiner Heimat Ägypten als auch in den Vereinigten Staaten ist es mir seit vielen Jahren ein Vorrecht, mit manchen meiner muslimischen Kollegen auf freundschaftlicher Basis Gespräche über Religion führen zu dürfen. Aus diesen Gesprächen wurden nie hitzige Auseinandersetzungen. Stattdessen kennzeichneten sie sich stets durch gegenseitigen Respekt. Die Gespräche wurden hauptsächlich in Form von Fragen geführt, die höflich und taktvoll gestellt wurden. Gleichermaßen wurden auch die Antworten immer in höflicher Weise gegeben. Niemand empfand zu irgendeinem Zeitpunkt, dass seine Gefühle verletzt wurden, obwohl wir offen über die Schwierigkeiten sprachen, die jeder im Hinblick auf den Glauben des anderen hatte.

Diese Broschüre ist das Ergebnis dieser Gespräche, durch die ich auf die Stolpersteine aufmerksam wurde, die der christliche Glaube den Muslimen bereitet. Ich bin allen meinen Freunden wirklich dankbar, mit denen ich derartige Gespräche geführt habe, und hoffe, dass diese Broschüre jedem aufrichtig nach der Wahrheit Suchenden helfen wird.

A. M. B.

August 2004

Einleitung

Christentum und Islam sind zwei bedeutende Weltreligionen, von denen jede für sich beansprucht, die Wahrheit zu sein, wie sie von dem einen wahren und lebendigen Gott offenbart wurde, der die Himmel und die Erde geschaffen hat. Leider weiß die große Mehrheit der Anhänger der jeweiligen Religion sehr wenig, wenn überhaupt etwas, über den Glauben der anderen. Jemand sagte einmal: In Ägypten – wo Muslime und Christen, meistens jedenfalls, in Harmonie zusammenleben – ist alles, was Muslime über Christen wissen, dass sie Polygamie verbieten, aber Schweinefleisch essen; und alles, was die Christen über die Muslime wissen, ist, dass sie das Essen von Schweinefleisch verbieten, aber Polygamie erlauben. Aus diesem Grund können sie enge Nachbarn, Freunde oder Kollegen sein, ohne jedoch jemals über religiöse Themen zu reden.

Als Christ, der in Ägypten aufgewachsen ist und viele muslimische Freunde hatte, deren Freundschaft ich wirklich schätzte, muss ich sagen, dass mich in den 28 Jahren, die ich in Ägypten gelebt habe, nie irgendein Muslim beleidigt hat oder mir mit Vorurteilen begegnet ist. Das war vor fünfzig Jahren und ich glaube, dass es in Ägypten immer noch so ist. Jedoch hat es in den letzten Jahren viele unglückliche Entwicklungen gegeben, einschließlich der sich verschlechternden Beziehung zwischen einigen wenigen Anhängern dieser beiden Religionen.

Dies betrifft insbesondere einige der Anführer und Prediger dieser zwei Glaubensrichtungen, die kein Blatt vor den Mund nehmen. Verbale „Schlammschlachten" führten zu Verbitterung und Misstrauen.

Es ist zwar angemessen bzw. sogar unerlässlich, starke Überzeugungen zu haben, doch es ist unangemessen, in einer abfälligen Weise gegen die Religion anderer Menschen zu sprechen. Es ist akzeptabel, wenn ein christlicher Prediger die Grundsätze des Glaubens lehrt und jede Lehre widerlegt, die der Bibel widerspricht, doch es ist zum Beispiel nicht akzeptabel, im Fernsehen eine abfällige Sprache zu verwenden. Es ist nachvollziehbar, dass ein muslimischer Imam seine Zuhörer dazu ermahnen wird, an den Lehren des Koran festzuhalten, doch es ist nicht richtig, Christen als Ungläubige zu beschreiben, wenn seine Worte von einem Mikrofon weitergetragen und von Christen gehört werden. Solches Verhalten auf beiden Seiten wird dem Sprecher keine neuen Bekehrten einbringen. Es wird nur Hass zur Folge haben und möglicherweise Fanatiker und Ungefestigte zu Fehlverhalten bis hin zu kriminellen Taten verleiten.

Die Bibel gibt uns gute Beispiele, wie wir den Menschen anderer Religionen predigen sollen. Wir sollen sie nicht angreifen oder beleidigen, sondern ihnen einfach die gute Botschaft vorstellen. Als der Apostel Paulus nach Ephesus ging und dort drei Jahre verbrachte, predigte er die gute Botschaft der Errettung, aber er griff weder die heidnische Religion an noch redete er gegen die falsche Göttin Diana (die Artemis der Epheser). Der für die Ordnung der Stadt zuständige Stadtschreiber bezeugte diese Tatsache und konnte dadurch die Volksmenge auseinanderbringen, die die Predigt ablehnte. Dies ist in der Bibel in Apostelgeschichte 19,37 festgehalten. Auch sprach Paulus weder in Klein-asien (der heutigen Türkei) noch in Europa in der Öffentlichkeit gegen andere falsche Religionen. Stattdessen stellte er immer die Wahrheit vor und betete für die Errettung der Menschen, die die gute Botschaft der Errettung durch ihn hörten. Es ist mein Wunsch, dem gleichen Prinzip zu folgen. Ich möchte das vorstellen, was ich glaube, und dann mag der Leser überprüfen, was ich sage, und für sich selbst entscheiden. Gott zwingt niemanden, eine Religion gegen seinen Willen anzunehmen. Das ist einfach nicht Gottes Art. Darüber hinaus möchte ich dies in einem Geist der Liebe tun. Das ist der Grund, warum ich diese Broschüre „An meine muslimischen Freunde“ genannt habe, weil Freundschaft uns befähigt, auf freundliche Weise Themen zu besprechen, und uns davor bewahrt, die Gefühle des anderen zu verletzen. Ein weiterer Grund, warum ich dies geschrieben habe, ist meine Wertschätzung gegenüber den vielen muslimischen Freunden, deren moralischen Charakter ich bewundere und die in ihrer Freundschaft treu gewesen sind. Mit einigen von ihnen habe ich freundliche Gespräche über wichtige religiöse Fragen führen dürfen.

Der Zweck dieses Buches ist, die wichtigen biblischen Lehren zu erörtern, die von einem aufrichtigen Muslim oft missverstanden werden oder die ihm als Blasphemie erscheinen.

Die Liebe vergeht niemals. *(1. Korinther 13,8)*

1. Die Heilige Schrift

Ein Überblick

Die Bibel besteht aus zwei Teilen: dem Alten Testament und dem Neuen Testament.

Das Alte Testament

Das Alte Testament wurde von Männern Gottes geschrieben, bevor Christus auf die Erde kam. Es beginnt mit den fünf **Büchern Mose**, die von Mose, dem Propheten, geschrieben wurden. Das erste dieser fünf Bücher ist das Buch Genesis, was „Ursprünge“ oder „Anfänge“ bedeutet. Es beginnt mit der Aussage, dass Gott im Anfang die Himmel und die Erde schuf. Es zeigt die Anfänge der Menschheit, das Eintreten der Sünde in die Welt, die Ausbreitung der Sünde in den Tagen Noahs, die die Flut erforderlich machte, sowie die Anfänge der Nationen und Sprachen und die Berufung Abrahams. Es endet mit dem Tod Josephs und dem Volk Israel, das in Ägypten lebt.

Das nächste Buch ist Exodus. Es beginnt mit den Ereignissen nach dem Tod Josephs, mit der Versklavung der Israeliten und ihrem Auszug aus Ägypten unter Moses Führung. Die fünf Bücher Mose enden mit dem Tod Moses, nachdem er die

Israeliten bis zur Grenze des Landes Kanaan geführt hatte.

Diesen fünf Büchern, gemeinhin als die Thora bekannt, schließen sich die **zwölf Geschichtsbücher** an, die mit Josua beginnen, der das Volk nach Kanaan führte. Sie enden mit der Gefangennahme durch die Babylonier, der Wegführung aus dem Land und schließlich der Wiederkehr einer kleinen Anzahl von Israeliten, die den Tempel und die Mauern der Stadt wiederaufbauten. Für jeden Leser der Bibel ist erkennbar, dass die Geschichte in einer geordneten Art und Weise dargestellt wird, sodass der Leser leicht etwas über das Leben Abrahams, Josephs, Moses oder Davids erfahren kann.

Den Geschichtsbüchern folgen fünf poetische Bücher, bekannt als die **Weisheitsbücher**. Sie beinhalten das Buch Hiob (Arabisch: Ayoub), die Psalmen (Al Zabour), die aus 150 Gedichten bzw. geistlichen Liedern bestehen, und die drei Bücher von Salomo, von denen das umfangreichste das Buch der Sprüche ist.

Diesen Büchern schließen sich die **Bücher der Propheten** an, sechzehn an der Zahl, die in den Jahren zwischen 800 und 400 v. Chr. geschrieben worden sind. Sie enthalten Hunderte von Prophezeiungen, viele davon über Christus, seine Geburt durch die Jungfrau, seine Geburt in Bethlehem, sein Leben, seinen Tod und seine Auferstehung, wie wir später sehen werden. Sie reden auch von seinem zukünftigen Kommen als der König der Könige.

Das Neue Testament

Das Neue Testament wurde geschrieben, nachdem Christus in den Himmel aufgefahren war, und beginnt mit den vier Evangelien. Eine häufig gestellte Frage lautet: „Warum gibt es vier Evangelien und welches ist verlässlicher?" Die vier Evangelien wurden durch göttliche Inspiration geschrieben, aber jedes stellt einen bestimmten Aspekt über Christus heraus. Das **Matthäusevangelium** stellt ihn als den verheißenen Messias vor, der Abraham verheißen wurde und in dem alle Nationen gesegnet sein werden. Gott verhieß auch David, dass der messianische König aus seiner Nachkommenschaft hervorgehen würde. Deshalb reicht das Geschlechtsregister des Christus im ersten Kapitel bis auf Abraham und David zurück. Das Matthäusevangelium stellt ihn auch als den vor, den das Volk trotz aller Beweise für die Wahrheit seiner Aussagen ablehnte. Darüber hinaus stellt es ihn als den vor, der in Macht und Herrlichkeit wiederkommen und als der wahre, von Gott eingesetzte König anerkannt werden wird. Es enthält viele Zitate aus dem Alten Testament, um der jüdischen Nation, die ihn abgelehnt hat, diese Tatsachen zu beweisen.

Das **Markusevangelium** stellt ihn als den Diener vor, der nicht kam, um bedient zu werden, sondern um zu dienen und sein Leben für uns als Lösegeld zu geben. Deshalb war ein Geschlechtsregister nicht notwendig. Der charakteristische Ausdruck in diesem Evangelium ist, dass Jesus „sofort" oder „sogleich" dies oder jenes tat, wodurch gezeigt wird, wie er beständig zum Segen der Menschen arbeitete.

Das **Lukasevangelium** stellt Jesus als den Menschen vor, der für die gesamte Menschheit kam und nicht nur für eine Nation. Darum reicht sein Geschlechtsregister im dritten Kapitel bis auf Adam, das Haupt der gesamten Menschheit, zurück. Seine Gleichnisse zeigen die Gnade Gottes, die dem schlimmsten Sünder angeboten wird, der Buße tut und glaubt.

Das **Johannesevangelium** stellt ihn als den vor, der seit Ewigkeit existiert und durch den alle Dinge geschaffen sind. Mit anderen Worten: Die Evangelien stellen ihn als König, Diener, Mensch und Gott vor.

Entgegen der allgemeinen Ansicht vieler kam nicht irgendein „Evangelium" auf Jesus herab. Der Heilige Geist inspirierte die vier oben genannten Schreiber, die vier Evangelien zu schreiben. Der Ausdruck „das Evangelium Christi" meint Gottes gute Botschaft an die Menschen durch Christus.

Nach den vier Evangelien finden wir das Buch der **Apostelgeschichte**, das uns mitteilt, wie sich das Christentum in einem Großteil der Welt durch die Jünger Christi ausbreitete, denen er den Auftrag gab, in die ganze Welt zu gehen und die Liebe Gottes und die gute Botschaft der Errettung zu predigen. Das haben sie nicht mithilfe von Drohungen oder Gewalt, Schwert oder Speer getan, sondern indem sie sich um anderer willen aufopferten. Sie wurden verfolgt, doch sie riefen weiterhin die Menschen dazu auf, sich von der Finsternis zum Licht und von der Macht Satans zu Gott zu bekehren.

Dem Buch der Apostelgeschichte folgen einundzwanzig **Briefe**, auch bekannt als die Epistel, die wichtige lehrmäßige Sachverhalte sowie Anweisungen für das praktische Leben enthalten, so wie es Gott wohlgefällig ist.

Schließlich gibt es noch das Buch der **Offenbarung**, das uns von zukünftigen Ereignissen berichtet. Die Bibel begann mit der Erschaffung der Himmel und der Erde und endet mit den zukünftigen neuen Himmeln und der neuen Erde. Die ganze Bibel wurde durch die Inspiration Gottes geben.

Alle Schrift ist von Gott eingegeben und nützlich zur Lehre, zur Überführung, zur Zurechtweisung, zur Unterweisung in der Gerechtigkeit.

(2. Timotheus 3,16)

Wurde die Bibel verändert?

Für jeden Muslim ist es sehr wichtig zu wissen, ob die Bibel verändert wurde. Der Koran sagt sehr klar und dogmatisch, dass die Bibel von Gott kam und ihre Gebote von jedem Gläubigen zu akzeptieren sind. Eines der grundlegenden Glaubenselemente im Islam ist der Glaube an die Bücher, die vor dem Koran von Gott gegeben worden sind. Wenn also die Bibel nicht verändert wurde, muss der Muslim ihr Glauben schenken. Hier sind einige der Verweise in den Suren des Korans, die den göttlichen Ursprung der Bibel bezeugen:

Der Tisch (Al Maida. 5): 43–48, 68

Die Frauen (Al Nisaa. 4): 136

Das Vieh (Al An'am. 6): 89,90

Die Geschichte (Al Qasas. 28): 49

Die Biene (Al Nahl. 16): 43 (In Tafseer Al Jalalin wird deutlich gemacht, dass „fraget die, welche die Ermahnung besitzen" sich auf jene bezieht, die die Tora und die Injil, d.h. die Bibel, kennen.)

Hieran können wir sehen, wie wichtig es für einen Muslim ist, dass er weiß, ob die Bibel verändert wurde, nachdem der Koran erschienen ist. Offensichtlich kann sie nicht verändert worden sein, bevor der

Koran erschienen ist, denn Gott hätte sicher kein Buch empfohlen, das fehlerhaft ist.

Beweise, dass die Bibel nicht verändert wurde

Erstens stellt das Alte Testament mehr als 75 % der Bibel dar. Das Alte Testament ist die Heilige Schrift für die Juden und ist identisch mit dem Alten Testament in der Bibel der Christen. Es ist undenkbar, dass Juden und Christen übereingekommen sind, dieses in exakt der gleichen Weise zu verändern, obwohl die Juden den christlichen Glauben ablehnen. Ebenso wurde 200 Jahre, bevor Christus auf diese Erde kam, das Alte Testament, das ursprünglich auf Hebräisch und Aramäisch geschrieben war, ins Griechische übersetzt. Diese Übersetzung ist als die Septuaginta bekannt und existiert seit dieser Zeit ununterbrochen bis heute.

Tatsächlich gibt es viele Textstellen im Alten Testament, in denen die Juden für ihren Unglauben und ihren Ungehorsam gegenüber Gottes Geboten verurteilt werden. Wenn überhaupt, dann hätten sie diese Textstellen verändert.

Zweitens gibt es viele alte Exemplare der Bibel, die Hunderte von Jahren vor dem Aufkommen der islamischen Religion entstanden sind. Es gibt mehr als 5000 handgeschriebene Exemplare (d. h. Manuskripte) des Neuen Testaments in der griechischen

Sprache und weit über 10.000 Exemplare in Latein, von denen die ältesten im 2. und 3. Jahrhundert geschrieben worden sind.

In Ägypten wurden Exemplare in Alexandria im Nordwesten, in Ikhmim im tiefen Süden und im Sinai im Nordosten gefunden, und alle stimmten in ihrem Inhalt überein. Viele sehr alte Exemplare wurden 1947 in einer Höhle im Wadi Qumran entdeckt, das nordwestlich vom Toten Meer liegt. Diese sind als die Schriftrollen vom Toten Meer bekannt. Sie alle entsprechen der Heiligen Schrift, die wir heute in unseren Händen halten. Das sind unbestreitbare Tatsachen, die beweisen, dass die Bibel nicht verändert wurde.

Drittens wurde das Neue Testament im 2. und 3. Jahrhundert in viele Sprachen übersetzt und viele Exemplare existierten in vielen verschiedenen Ländern. Wie hätten alle diese Exemplare in diesen vielen Sprachen in unterschiedlichen Ländern gesammelt und auf die gleiche Weise verändert werden können? Es ist undenkbar.

Zu guter Letzt: Wenn die Christen etwas an der Bibel geändert hätten, wären es dann nicht gerade die Textstellen gewesen, die schwer auszulegen sind und Spaltungen verursacht haben? Die Heilige Schrift wurde nie verändert. Das ist eine unbestreitbare Tatsache.

Wer die Christen beschuldigt, die Bibel verändert zu haben, sollte in der Lage sein, diese Fragen zu beantworten: Wann wurde sie verändert? Wer hat sie verändert? Welche Teile wurden verändert und warum? Wie lautete der Quelltext? Es liegt auf der Hand, dass man diese Fragen nicht beantworten kann, weil die Bibel *nie verändert* wurde.

Inspiration versus Übersetzung

Die Bibel wurde durch Inspiration von Gott gegeben. Diese Tatsache ist, wie wir gesehen haben, im Koran belegt. Daneben gibt es andere Beweise, einschließlich der vielen wortwörtlich erfüllten Prophezeiungen, obwohl diese weit vor der Zeit ihrer Erfüllung geschrieben wurden. Auch der Einfluss der Bibel auf Einzelne, Familien und Gesellschaften beweist ihren göttlichen Ursprung. Die gesamte Bibel wurde in Hunderte von Sprachen übertragen, und einzelne Teile davon, z. B. verschiedene Evangelien oder das Neue Testament, wurden in ungefähr 2000 Sprachen übersetzt. Die Übersetzer gingen mit äußerster Sorgfalt ans Werk. In einigen Fällen, z. B. in der englischen Sprache, gibt es viele verschiedene Übersetzungen. Das hat dazu geführt, dass einige glauben, es gäbe mehr als nur eine Bibel, und dass wir nicht sicher seien, welche die verlässliche ist. In Wirklichkeit gibt es nur **eine Bibel**, obwohl es mehr als eine Übersetzung in der gleichen Sprache geben kann. Das Gleiche gilt für den Koran. Ich habe vier verschiedene englische Übersetzungen des Koran gesehen – die von Pickthall, G. Sale, A. Yusuf Ali und N. J. Dawood. Die beiden letzteren besitze ich selbst. Es mag Unterschiede in der Formulierung geben, aber es gibt nur einen Koran.

Was ist mit dem Barnabasevangelium?

Es überrascht mich immer, wenn meine muslimischen Freunde mich nach diesem Buch fragen, das im Arabischen als „Injil Barnaba" bekannt ist. Es überrascht mich, weil ich jedes Mal entdecke, dass die Person, die es erwähnt, es nie gelesen oder auch nur ein Exemplar dieses falschen Evangeliums gesehen hat. Es gibt viele Beweise, dass es kein wahres Evangelium ist. Ich möchte nur einige nennen. Jedem, der sich mit diesem Thema beschäftigen möchte, empfehle ich die folgenden Bücher: „The Gospel of Barnabas" von Dr. William Campbell, veröffentlicht in Englisch in Rawalpindi, Pakistan, und „Injil Barnaba in the Light of History, Sound Mind and Religion" (Das Barnabasevangelium im Licht der Geschichte, des gesunden Verstandes und der Religion) von Awad Samaan, veröffentlicht auf Arabisch in Kairo, Ägypten. Um es kurz zu machen: Dieses sogenannte Evangelium ist falsch und sollte aus verschiedenen Gründen abgelehnt werden, einschließlich seiner vielen geografischen, historischen und wissenschaftlichen Fehler. Es widerspricht zudem sowohl der Bibel als auch dem Koran.

Es genügt wohl, hier festzustellen, dass der hochgeachtete muslimische Gelehrte, Dr. Abbas Mahmoud Al Akkad, früherer Professor an der angesehenen Al Azhar Universität in Kairo, Muslimen empfohlen hat, sich nicht in diesem falschen Evangelium zu verheddern, weil es dem Koran widerspricht. Einer dieser Widersprüche ist die Behauptung, dass Jesus (Isa) angeblich gesagt hat, dass er nicht der Christus (Al Masih) sei. Stattdessen sei Mohammed, der nach ihm kommen wird, Al Masih! In der arabischen Enzyklopädie *Al Mawsooah Al Arabiah Al Moiassarah* erklärt Dr. Mohammed Shafik Ghorbal unter dem Eintrag „Barnabas", dass es der Name eines falschen (oder gefälschten) Evangeliums ist, das im 15. Jahrhundert von einem Europäer geschrieben wurde und schwere Fehler in seiner Beschreibung der politischen und religiösen Umstände in Al Quds (Jerusalem) zur Zeit Jesu aufweist. Des Weiteren lenkt er die Aufmerksamkeit auf den gleichen Fehler, der bereits oben beschrieben wurde. Dieses falsche Evangelium behauptet, Isa (Jesus) hätte gesagt, dass er selbst nicht der Christus ist, sondern dass er gekommen ist, um Mohammed zu verkünden, der der Christus sein sollte.

Eine nähere Betrachtung dieser Thematik ist nur deshalb notwendig gewesen, weil es viele gibt, die behaupten, dass es sich dabei um ein wahres Evangelium handelt, ohne dass sie es selbst jemals gesehen oder gelesen haben. Es ist offensichtlich ein falsches Evangelium.

Zusammenfassend sehen wir, dass der Koran deutlich aussagt, dass die Bibel von Gott eingegeben ist. Wir haben auch Beweise aufgeführt, dass die Bibel, wie wir sie heute besitzen, die gleiche Bibel ist, die es zu Beginn des 7. Jahrhunderts gab, als der Koran in Arabien erschienen ist. Die Bibel wurde nie verändert.

In Ewigkeit, HERR, steht dein Wort fest in den Himmeln. *(Psalm 119,89)*

2. Die Kreuzigung

Einleitung

Damit ein Mensch die Wahrheit erkennen kann, ist es notwendig, dass er ein aufrichtiges, von Herzen kommendes Verlangen danach sowie die Entschlossenheit besitzt, die Wahrheit zu akzeptieren, koste es, was es wolle. Eigene religiöse Ansichten zu ändern ist keine leichte Sache für jemanden mit Überzeugungen. Es ist sehr schmerzhaft, und doch sind Christi Worte sehr wahr: „Ihr werdet die Wahrheit erkennen, und die Wahrheit wird euch frei machen" (Johannes 8,32). Um die Wahrheit zu erkennen, muss man manchmal Gott bitten, sie zu offenbaren, während man selbst bereit ist, wenn nötig alles aufzugeben. Gott ist immer bereit, jemandem die Wahrheit zu offenbaren, der aufrichtig danach sucht und der ihn beharrlich darum bittet.

Wir haben gesehen, dass die Bibel nicht verändert wurde. Nun wollen wir uns anschauen, was sie über den Tod Christi zu sagen hat.

Ist der Tod Christi eine Tatsache?

Es gibt verschiedene Beweise, die die Tatsache des Todes Christi bestätigen:

Das Alte Testament

Das Alte Testament spricht vom Tod Christi, und es ist allgemein bekannt, dass das Alte Testament das Heilige Buch für die Juden ist. Es enthält verschiedene Prophezeiungen über den Tod Christi. Die Juden leugnen nicht die Existenz dieser Prophezeiungen, und viele ihrer religiösen Gelehrten haben zugegeben, dass sie sich auf den verheißenen Messias (Al Masih) beziehen, aber sie leugnen, dass der wahre Messias jemals gekommen ist. Sie bezichtigen Jesus (Isa), ein Betrüger zu sein. Als er kam, glaubten sie ihm nicht, und diese Tatsache – dass sie ihn ablehnten – ist, wie wir sehen werden, ebenfalls durch ihre Propheten vorhergesagt worden.

Wir werden nun einige der Prophezeiungen über den Tod Christi im Alten Testament näher betrachten. Die erste befindet sich in Jesaja 53. Dieses Kapitel mit insgesamt 12 Versen wurde ungefähr 700 Jahre, bevor Christus auf die Erde kam, geschrieben. Es sagt voraus, dass das Volk Israel ihm nicht glauben würde, obwohl Gott seine Macht durch ihn zeigte (V. 1). Obwohl er der war, an dem Gott inmitten einer öden Welt oder dürren Erdreichs, Gefallen fand, sah Israel in ihm nichts für sie Anziehendes, sodass sie nach ihm verlangt hätten (V. 2). Doch es war nicht nur so, dass sie nichts Anziehendes an ihm fanden; sie verachteten ihn sogar und lehnten ihn ab (V. 3). Israel weist es zurück, dass er stellvertretend für andere litt: „Doch er hat unsere Leiden getragen, und unsere Schmerzen hat er auf sich geladen. Und wir, wir hielten ihn für bestraft, von Gott geschlagen und niedergebeugt; doch um *unserer Übertretungen* willen war er verwundet, um *unserer Ungerechtigkeiten* willen zerschlagen. Die Strafe zu unserem Frieden lag auf ihm, und durch seine Striemen ist uns Heilung geworden" (V. 4–5). Wir alle waren wie verlorene Schafe, doch er trug unsere Strafe. „Wir alle irrten umher wie Schafe, wir wandten uns jeder auf seinen Weg; und *der HERR hat ihn treffen lassen unser aller Ungerechtigkeit*" (V. 6). Dies bedarf keines Kommentars; es ist das Evangelium für die Menschen in Kurzform.

Weiterhin lernen wir aus diesem Kapitel, dass Christus freiwillig ans Kreuz ging und still war, ohne sich während seines Prozesses zu verteidigen (V. 7). Dies erfahren wir auch in den Evangelien. Doch es wurde mehr als 700 Jahre vorher vorausgesagt. Israel hatte zwar geplant, ihn wie einen Verbrecher zu begraben, indem sie seinen Leib entweder mit anderen Kriminellen in eine große Grube werfen oder seinen Körper den wilden Tieren als Fraß zurücklassen würden, wie es für die Opfer einer Kreuzigung Brauch war; doch Gott bestimmte, dass er ins Grab eines edlen und reichen Mannes gelegt werden sollte. Und genau das geschah, wie es uns in den Evangelien berichtet wird. Dieser edle und noble Mann war Joseph von Arimathia (Youcef von Al Ramah) und dies ist in Matthäus 27,57–60,

Markus 15,43–46, Lukas 23,50–53 und Johannes 19,38–40 festgehalten. Sein Leben auf dieser Erde wird mit folgenden Worten beschrieben: „Weil er kein Unrecht begangen hat und kein Trug in seinem Mund gewesen ist“ (V. 9). Dies bezieht sich auf seine Sündlosigkeit und Vollkommenheit. Seine Auferstehung wurde wie folgt vorhergesagt: „So wird er Samen sehen [dies bezieht sich auf geistliche Nachkommen, d. h. auf die Gläubigen], er wird seine Tage verlängern ... Von der Mühsal seiner Seele wird er Frucht sehen und sich sättigen“ (V. 10–11). Weitere bedeutende Aussagen in diesem Kapitel, die sich auf seinen stellvertretenden Tod beziehen, sind z. B. die folgenden: „[Er wird] die Vielen zur Gerechtigkeit weisen, und ihre Ungerechtigkeiten wird er auf sich laden“, und wenig später lesen wir, „dass er seine Seele ausgeschüttet hat in den Tod und den Übertretern beigezählt worden ist [er wurde zwischen zwei Dieben gekreuzigt]; er aber hat die Sünden vieler getragen und für die Übertreter Fürbitte getan [er betete für sie am Kreuz]“ (V. 11–13). Allein dieses Kapitel liefert einen definitiven Beweis für den Tod Christi an unserer Stelle.

Wie gehen ungläubige Juden mit diesem Textabschnitt um? Bis etwa 1000 Jahre n. Chr. erklärten ihre Kommentatoren, dass er sich auf den Messias bezieht, der noch nicht gekommen ist. Als sie jedoch merkten, dass viele Juden durch das Lesen des Textes anfingen, Fragen zu stellen, die sie nicht beantworten konnten, versuchten sie, andere

Interpretationen zu finden. Gegenwärtig wird dieses Kapitel weder bei den religiösen Lesungen der Juden noch in ihren Kommentaren berücksichtigt. Ein Kommentar zur Thora, den mir ein jüdischer Kollege gab, enthält viele Verweise auf Jesaja, aber nicht einen einzigen auf dieses Kapitel, weil dieses Kapitel deutlich beweist, dass sie ihren verheißenen Messias abgelehnt und seinen Tod gefordert haben.

Andere alttestamentliche Prophezeiungen

Es gibt einige andere Aussagen im Alten Testament, die sich auf den Tod Christi beziehen. 1000 Jahre v. Chr. sprach der Prophet David vorausschauend vom Durchbohren seiner Hände und Füße (Psalm 22,17), was ganz offenbar nicht mit David geschah, sondern mit Christus, als er ans Kreuz genagelt wurde. In gleicher Weise sprach er davon, wie ihm Essig gegeben wurde, als er durstig war (Psalm 69,22), was ebenfalls am Kreuz geschah (Johannes 19,28–30). Des Weiteren sprach David davon, dass seine Kleider aufgeteilt wurden und man über sein Gewand das Los warf (Psalm 22,19). All diese Einzelheiten geschahen bei der Kreuzigung und wurden in den Evangelien festgehalten.

Ungefähr 400 Jahre bevor Christus kam, erwähnte der Prophet Sacharja das Durchbohren seiner Seite mit einem Speer (Sacharja 12,10). Diese Handlung vollzog der römische Soldat an Christus, um sicherzustellen, dass er wirklich tot war (Johannes 19,33.34). Das Alte Testament liefert viele Details in Bezug auf den Kreuzestod Christi und die damit verbundenen Ereignisse. Alles war genau so erfüllt, wie es vorhergesagt wurde, weil der Autor der Bibel Gott ist, der von Anfang an das Ende kennt.

Im Alten Testament gibt es viele Beschreibungen von Einzelpersonen und Ereignissen, die den Tod Christi andeuten und vorbilden. Diese Ereignisse sind tatsächlich passiert. Wenn man sie jedoch studiert, kann man nicht umhin, darin Lektionen zu sehen, die unsere Aufmerksamkeit auf die Tatsache des Todes Christi zu unserer Erlösung lenken. Ein gutes Beispiel dafür ist die Geschichte von Abraham, der seinen Sohn opfert. Dies ist in 1. Mose 22 festgehalten. Im Gehorsam gegenüber Gottes Gebot nahm Abraham seinen Sohn, um ihn als Opfer darzubringen. Auf dem Weg zu dem Ort, wo er ihn opfern sollte, fragte ihn sein Sohn, ohne zu ahnen, dass er selbst das Opfer sein würde: „Mein Vater! ... Siehe, das Feuer und das Holz; wo aber ist das Schaf zum Brandopfer?“ Abraham antwortete: „Gott wird sich ersehen das Schaf zum Brandopfer, mein Sohn.“ Als er schließlich seinen Sohn auf den Altar gelegt hatte und im Begriff stand, ihn zu schlachten, rief der Engel des HERRN ihm aus dem Himmel zu und sprach: „Abraham, Abraham! ... Strecke deine Hand nicht aus nach dem Knaben, und tu ihm gar nichts.“ Abraham hatte seinen absoluten Gehorsam gegenüber Gott bewiesen. Dann sah Abraham auf und erblickte hinter sich einen Widder, der im Gestrüpp durch seine Hörner festgehalten wurde. Diesen nahm er und opferte ihn anstelle seines Sohnes.

Diese wahre Begebenheit lehrt uns, dass ein Erlöser notwendig war. Der Widder war nur ein Vorbild oder eine Andeutung auf den wahren Erlöser. Gewiss war ein Widder kein kostbares Opfer, keine „große Schlachtung" (zabh azeem). Immerhin war Abraham sehr reich und einen Widder anstatt seines Sohnes zu opfern, war ein sehr kleiner Preis. Außerdem bezahlte er nicht für den Widder. Gott selbst stellte das Opfer bereit. Der Widder war ein Bild bzw. eine Andeutung auf den wahren Erlöser. Die Bibel sagt deutlich, dass das Blut von Tieren, seien es Schafe, Ziegen oder Stiere, die Schuld unserer Sünden nicht von uns wegnehmen kann (Hebräer 10,4). Millionen von Schafen wurden über die Jahrhunderte hinweg von den Juden geopfert, doch als Christus kam, zeigte Johannes der Täufer (im Islam als Yahia Ibn Zakarya bekannt) auf ihn und sprach: „Siehe, das *Lamm Gottes*, das die Sünde der Welt wegnimmt!" (Johannes 1,29). All die Tieropfer waren nichts anderes als Vorbilder von dem wahren Erlöser, Jesus Christus.

Ein weiteres Beispiel ist das Passahlamm. Als Gott im Begriff stand, sein Volk aus Ägypten herauszuführen, gab er dem Propheten Mose wichtige Anweisungen. Er sagte ihm, dass jedes Haus ein Lamm ohne Fehl nehmen, es schlachten und das Blut an beide

Seiten und an den Türsturz der Tür streichen sollte. Gott würde die Erstgeburt in Ägypten töten, aber er versprach, jene zu erretten, die das Blut außen angestrichen hatten. Wenn er das Blut sah, so sagte er zu Mose, würde er dem verderbenden Engel nicht erlauben, ihre Söhne zu töten. Dies ist tatsächlich so geschehen, und es deutet auch den Tod Christi an, der die Grundlage unserer Errettung ist. Es gibt viele solcher Beispiele im Alten Testament.

Zusammenfassend lässt sich sagen, dass das Alte Testament den Tod Christi sowohl durch deutliche Aussagen, wie in Jesaja 53, als auch durch Bilder und Andeutungen ankündigt.

Das Neue Testament

Das Neue Testament lehrt uns, dass Christus am Kreuz gestorben und am dritten Tag auferstanden ist. Dies sagte Christus seinen Jüngern im Voraus. Die folgenden Zitate aus dem Matthäusevangelium mögen genügen. Auch die anderen Evangelien bestätigen diese Tatsache.

„Von da an begann Jesus seinen Jüngern zu zeigen, dass er nach Jerusalem hingehen müsse und von den Ältesten und Hohenpriestern und Schriftgelehrten vieles leiden und getötet und am dritten Tag auferweckt werden müsse" (Matthäus 16,21). „Als sie sich aber in Galiläa aufhielten, sprach

Jesus zu ihnen: Der Sohn des Menschen [ein Titel, den er oft im Bezug auf sich verwendete] wird in die Hände der Menschen überliefert werden, und sie werden ihn töten, und am dritten Tag wird er auferweckt werden. Und sie wurden sehr betrübt" (Matthäus 17,22.23). „Siehe, wir gehen hinauf nach Jerusalem, und der Sohn des Menschen wird den Hohenpriestern und Schriftgelehrten überliefert werden; und sie werden ihn zum Tod verurteilen und werden ihn den Nationen überliefern, damit sie ihn verspotten und geißeln und kreuzigen; und am dritten Tag wird er auferstehen" (Matthäus 20, 18-19).

Im selben Kapitel, in Vers 28, sagt er ihnen außerdem, dass er aus diesem Grund auf die Erde gekommen ist. Er kam nicht, um bedient zu werden, sondern um zu dienen und sein Leben als *Lösegeld* für viele zu geben. Es könnten noch viele weitere Verse zitiert werden, in denen Christus seinen Jüngern im Voraus sagte, dass er sterben und am dritten Tag wieder auferstehen würde. Er sagte ihnen sogar auch, wann und wie er sterben würde. In Matthäus 26,1–2 lesen wir: „Und es geschah, als Jesus alle diese Reden vollendet hatte, sprach er zu seinen Jüngern: Ihr wisst, dass *nach zwei Tagen* das Passah ist, und der Sohn des Menschen wird überliefert, um *gekreuzigt* zu werden." Interessanterweise wurde dem Propheten Daniel sechs Jahrhunderte zuvor eine Prophezeiung gegeben, in der ihm gesagt wurde, dass der Christus genau zu dieser Zeit sterben würde (Daniel 9,26)!

Jedes der vier Evangelien beschreibt uns im Detail viele der Ereignisse, die stattfanden, als Christus vor die religiösen Anführer und danach vor die staatliche Obrigkeit gebracht und schließlich zum Kreuz geführt wurde. Wer diese Berichte in Matthäus 26–27, Markus 14–15, Lukas 22–23 und Johannes 18–19 liest, wird ganz klar einsehen, dass es Christus war, der gefangen genommen und an das Kreuz genagelt wurde, der starb und begraben wurde. Maria, die Mutter Jesu, war beim Kreuz und sah ihren eigenen Sohn und sie wusste, dass er es war, den sie töteten. Johannes, der Jünger, der ihm sehr nahe war, stand dort. Er war ein Augenzeuge. Die Worte, die Christus am Kreuz sagte, hätten von keinem anderen gesagt werden können. Das Erste, was er sagte, war: „Vater, vergib ihnen, denn sie wissen nicht, was sie tun!“ (Lukas 23,34). Judas hätte das nicht gesagt. Auch hätte niemand anderes zu dem Dieb, der Buße tat und an Jesus glaubte, sagen können: „Wahrlich, ich sage dir: Heute wirst du mit mir im Paradies sein“ (Lukas 23,43). Nur Christus und niemand sonst konnte dies sagen. Dann waren da seine letzten Worte am Kreuz: „Vater, in deine Hände übergebe ich meinen Geist!“ (Lukas 23,46). Jeder aufrichtig Suchende sollte die Berichte in jedem der vier Evangelien lesen. Er wird keinen Zweifel haben, dass der Tod Christi am Kreuz eine Tatsache ist. Es ist offensichtlich, dass die Jünger die Geschichte von seinem Tod nicht erfunden haben. Tatsächlich waren sie traurig und am Boden zerstört, bis sie ihn nach seiner Auferweckung wiedersahen.

Nach seiner Auferweckung erschien Christus seinen Jüngern innerhalb von vierzig Tagen mehrere Male und gab ihnen auf diese Weise unfehlbare Beweise, dass er von den Toten auferstanden war. Sie hatten keinen Zweifel an seinem Tod, aber er wollte ihnen beweisen, dass er wirklich und in seinem Leib vom Tod auferstanden war. Diese Tatsache ist in jedem der vier Evangelien wiedergegeben. In Lukas 24, 44–48 erklärt er ihnen außerdem, dass sein Tod und seine Auferweckung eine Erfüllung dessen waren, was in alttestamentlichen Prophezeiungen vorhergesagt worden war. *Dies* sollte das Kernstück der Botschaft der Errettung sein, die allen Nationen gepredigt werden muss. In Johannes 20,19-20 erfahren wir, dass er am Tag seiner Auferstehung am Abend seinen Jüngern erschien und zu ihnen sagte: „Friede euch!" und ihnen seine Hände, an denen sie die Nägelmale sehen konnten, und seine Seite zeigte, wo er vom Speer des römischen Soldaten durchbohrt worden war. So bewies er ihnen, dass er derjenige war, der gekreuzigt worden war, und nicht jemand anderes an seiner Stelle.

Zusammenfassend hier die Beweise, dass Christus am Kreuz gestorben ist:

- Alttestamentliche Prophezeiungen sprachen von seinem Tod.

- Christus sagte seinen Jüngern im Voraus, dass er sterben und auferstehen würde.

- Die vier Evangelien liefern detaillierte Berichte vom Tod Christi.

- Christus erschien seinen Jüngern nach seiner Auferweckung und erzählte ihnen, warum er am Kreuz gestorben ist.

Es sollte daher keinen Zweifel an dieser wichtigen Tatsache geben.

Eine Erwiderung auf einen Einwand

Viele haben deshalb einen Einwand erhoben, weil sie sich fragten, warum Gott ihn nicht gerettet hat. Wurde Christus von diesen bösen Menschen besiegt? Dies ist keine unberechtigte Frage. Wenn Christus besiegt und dazu gezwungen wurde, zu sterben, dann würden wir diese Fragen zu Recht stellen. Doch wir haben gesehen, dass Christus seinen Jüngern bereits gesagt hatte, dass er gekommen war, um sein Leben als Lösegeld für viele zu geben, das heißt, dass er kam, um für uns zu sterben. Ja, Christus hätte sich selbst retten können, wenn er gewollt hätte. Als Judas mit den Soldaten kam, um ihn gefangen zu nehmen, sagte er seinen Jüngern, die ihn verteidigen wollten, dass er den Vater bitten könnte, und dieser würde ihm auf seinen Wunsch hin Legionen von Engeln senden, um diese Menschen zu vernichten. Doch: „Wie sollten denn die Schriften erfüllt werden, dass es so geschehen muss?“ (Matthäus 26,54). Jesus hätte sie in der Tat mit einem Wort überwältigen können. In Johannes 18,4–6 erfahren wir, dass er die Soldaten, die in der Nacht mit Judas in den Garten kamen, um ihn gefangen zu nehmen, fragte, wen sie suchten. Als sie antworten: „Jesus, den Nazaräer“, sagte er zu ihnen: „Ich bin es.“ Als er das zu ihnen sagte, wichen sie alle zurück und fielen zu Boden. Zweifellos hätte er sich selbst in diesem Moment retten können.

Die Tatsache, dass Jesus sich selbst nicht vor dem Tod rettete, verwirrte auch jene, die ihn am Kreuz sahen. Sie sagten, wenn Gott Gefallen an ihm hätte, so hätte er ihn vor dem Tod gerettet. Es ist interessant, dass der Prophet David 1000 Jahre v. Chr. in den Psalmen darauf Bezug nimmt: „Alle, die mich sehen, spotten über mich; sie reißen die Lippen auf, schütteln den Kopf: ‚Vertraue auf den HERRN! – Der errette ihn, befreie ihn, weil er Gefallen an ihm hat!‘“ (Psalm 22,8.9). Doch Christus errettete sich selbst nicht vom Tod, weil es sehr wichtige Gründe dafür gab, dass er freiwillig am Kreuz starb.

Aus dem Himmel verkündete Christus:

Ich bin ... der Lebendige, und ich war tot, und siehe, ich bin lebendig von Ewigkeit zu Ewigkeit.

(Offenbarung 1,17.18)

Ist der Tod Christi wichtig?

Der Tod Christi ist nicht nur eine Tatsache, wie wir anhand von vielen unfehlbaren Beweisen gesehen haben, sondern er ist auch eine sehr wichtige Tatsache. Er ist das Kernstück des Evangeliums. Das Wort *Evangelium* bedeutet *gute Botschaft*. Als der Apostel Paulus an die Gläubigen in Korinth in Griechenland schrieb, sagte er: „Ich tue euch aber kund, Brüder, das Evangelium [d. h. die gute Botschaft], das ich euch verkündigt habe, das ihr auch angenommen habt, in dem ihr auch steht, durch das ihr auch errettet werdet ..., dass Christus für unsere Sünden gestorben ist nach den Schriften; und dass er begraben wurde und dass er auferweckt worden ist am dritten Tag nach den Schriften" (1. Korinther 15,1-4). Dabei bedeutet „nach den Schriften": wie es im Alten Testament geschrieben steht.

Um die Bedeutung des Todes Christi und seine unbedingte Notwendigkeit zu verstehen, müssen wir die folgenden Fakten wissen:

- Wir haben alle gesündigt.
- Gott ist heilig und wird Sünde nicht ignorieren.
- Gott liebt den Menschen und betrachtet ihn in seinen Augen als sehr wertvoll.

- Um den Menschen zu retten, muss Gott gleichzeitig gerecht und gnädig sein.

Wir haben alle gesündigt. Die Heilige Schrift, die das inspirierte Wort Gottes ist, erklärt: „Alle haben gesündigt und erreichen nicht die Herrlichkeit Gottes“ (Römer 3,23). Es gibt in der Bibel viele Verse, die diese Tatsache bestätigen. Unser eigenes Gewissen schreit ebenso in uns, um uns zu sagen, dass wir gesündigt haben. Der weise König Salomo, der Sohn des Propheten David, sagte einmal, dass unter den Menschen auf der Erde keiner ist, der nicht sündigt, selbst wenn er als ein guter Mensch angesehen wird (vgl. Prediger 7,20). Doch was ist Sünde? Manche Menschen denken, dass nur die sehr schlimmen Dinge wie Diebstahl, Mord, Ehebruch und Blasphemie Sünde sind. Doch Sünde kann die Form einer Übertretung haben, das heißt, dass man ein Gebot bricht oder einfach ein Ziel verfehlt. Wenn jemand nicht die richtige Antwort auf eine Frage gibt, sagen wir auf Arabisch, das wie das Hebräische eine semitische Sprache ist, dass er „akhta'a“ sei. Dasselbe Wort verwenden wir für das Begehen einer Sünde, wie etwa Stehlen. Mit anderen Worten: Wir sündigen immer dann, wenn wir etwas tun, das nicht Gottes Heiligkeit und Herrlichkeit entspricht. Wenn wir Ehebruch begehen, sündigen wir, indem wir ein Gebot übertreten. Doch wenn wir unreine Gedanken hegen und uns schmutzige Bilder anschauen, sündigen wir, indem wir etwas tun, das nicht Gottes Heiligkeit entspricht. Darum sagte Christus, dass jeder, der eine Frau anschaut, sie zu begehren, in seinem Herzen schon Ehebruch begangen hat (Matthäus 5,28).

Wir müssen bedenken, dass Gott überall gegenwärtig ist und dass er alles sieht, was wir tun, und alles hört, was wir sagen. In seiner Gegenwart eine Lüge zu erzählen, ist, als würde man ihn ignorieren und oder ihn nicht respektieren. Das Gleiche gilt für das Erzählen von schmutzigen Witzen oder wenn man sie hört und darüber lacht. Der Grund, warum ich dies im Einzelnen aufzähle, liegt darin, dass wir im Allgemeinen eine sehr schwache Vorstellung davon haben, was Sünde ist. Wir begreifen auch nicht, wie ernst es ist, zu sündigen; es ist eine Beleidigung Gottes. Als der Prophet David sündigte, sagte Gott nicht, dass er besondere Privilegien hat, weil er ein Prophet ist. Er sandte einen anderen Propheten zu ihm, um ihm zu sagen, dass er durch seine Sünde Gott verachtete. So ernst ist Sünde.

Neben den Sünden, die wir begehen, gibt es Unterlassungssünden. Wenn ich eine bedürftige Person sehe und es in meiner Macht liegt, ihr zu helfen, es jedoch nicht tue, so habe ich eine Sünde begangen. Die Bibel sagt: „Wer nun weiß, Gutes zu tun, und tut es nicht, dem ist es Sünde" (Jakobus 4,17).

Aus den vorigen Ausführungen wird deutlich, dass wir alle gesündigt haben und dass Sünde eine sehr ernste Angelegenheit ist.

Gott ist heilig und wird Sünde nicht ignorieren. Keinem von uns, und sei er noch so religiös und fromm, ist es möglich, zu begreifen, wie heilig Gott ist. Sowohl das Alte als auch das Neue Testament sprechen wiederholt von seiner Heiligkeit. Seine Augen sind zu rein, um Ungerechtigkeit anzuschauen. In einer Vision warf der Prophet Jesaja einen flüchtigen Blick auf Gottes Heiligkeit (Jesaja 6). Die Ausdrücke wurden symbolisch verwendet und beschreiben seine Heiligkeit als eine solche, dass Engel ihre Angesichter verbergen müssen, weil sie nicht fähig sind, seine Herrlichkeit anzuschauen. In der Vision sah er, dass die Engel ohne Unterlass seine Heiligkeit ausrufen, indem sie sagen, dass er heilig, heilig, heilig ist.

Nachdem Jesaja nur einen sehr flüchtigen Blick auf Gottes Herrlichkeit bekam, weinte er vor großer Furcht, denn er erkannte, dass er, ein Sünder, der überwältigenden Herrlichkeit und Heiligkeit Gottes ausgesetzt worden war. Um die gerechte Strafe für Sünden verstehen zu können, müssen wir die Hässlichkeit der Sünde im Gegensatz zu Gottes Größe und Heiligkeit sehen. Wenn ein Schüler einen Klassenkameraden beleidigt, verdient er eine gewisse Strafe, doch wenn er einen Lehrer beleidigt, verdient er eine größere Strafe. Wenn er den Direktor beleidigt, wird die Strafe noch größer sein, doch wenn er den Bundespräsidenten oder gar einen König beleidigt, so wird seine Strafe umso größer sein! Halten wir einen Moment inne und denken wir darüber nach, was wir als Sünder verdienen. Wenn es so ist, dass je größer die beleidigte Person ist, desto größer die verdiente Strafe ist, wie verhält es sich dann, wenn jemand den Einen beleidigt, dessen Größe und Heiligkeit unbegrenzt, unendlich und ewig ist? Die Antwort ist offensichtlich und furchterregend.

Gott liebt den Menschen und betrachtet ihn in seinen Augen als sehr wertvoll. Diese Tatsache wird im Allgemeinen von den meisten Menschen nicht erkannt. Üblicherweise glaubt man, dass Gott gnädig und mitfühlend ist, aber dass er die Menschen wirklich liebt, ist im Allgemeinen nicht bekannt. Und doch ist es eine Tatsache, die in der Heiligen Schrift betont wird. Gott legt großen Wert auf die menschliche Seele. Christus hat gesagt, dass ein Mensch seine Seele höher schätzen soll als alle irdischen Besitztümer. Dies sind exakt seine Worte: „Denn was wird es einem Menschen nützen, wenn er die ganze Welt gewinnt, aber seine Seele einbüßt? Oder was wird ein Mensch als Lösegeld geben für seine Seele?" (Matthäus 16,26).

Wie wir sehen werden, wird die Liebe Gottes zu den Menschen in der Bibel als Grund für den Tod Christi genannt. Als Gott den Menschen schuf, bewies er, dass der Mensch in seinen Augen wertvoll ist. Erstens sprach Gott, als er den Menschen schuf: „Lasst uns Menschen machen in unserem Bild, nach unserem Gleichnis" (1. Mose 1,26). So etwas hat er über keines der anderen erschaffenen Wesen gesagt. Gleichzeitig gab er dem Menschen die Herrschaft über alle anderen Geschöpfe. Zweitens hauchte er dem Menschen den Odem des Lebens ein, und der Mensch wurde eine lebendige Seele – eine Seele, die in Ewigkeit bleibt. Drittens segnete Gott den Menschen und redete mit ihm, nachdem er ihn geschaffen hatte, und gab ihm viele Vorrechte. Viertens bereitete er, bevor er den Menschen schuf, alles, was dieser zu seinem Wohlergehen und zu seinem Genuss brauchte, und nach seiner Erschaffung pflanzte er den wunderschönen Garten Eden (vgl. 1. Mose 1–2). Gott gefiel es in der Tat schon immer, Menschen zu segnen. Selbst nachdem die Menschheit so voller Sünde war, dass Gott in den Tagen Noahs die Flut sandte, segnete er die Menschheit wieder. Und als er Abraham rief, versprach er ihm, ihn zu segnen und alle Nationen der Erde durch den Messias zu segnen, der aus Abrahams Nachkommenschaft hervorgehen sollte.

Wenn wir darüber nachdenken, wie Gott die Menschheit liebt und wertschätzt, müssen wir wirklich staunen. Das sagt auch der Prophet David. Wenn er Gottes Schöpfung, wie etwa die Himmel, den Mond und die Sterne, anschaut, die Gott gemacht hat, so staunt er darüber, dass Gott sich um den Menschen kümmert und ihn ehrt (Psalm 8). Der heilige Gott liebt sündige Menschen, aber er hasst ihre Sünde. Seine Liebe und seine Gnade können jedoch nicht auf Kosten seiner Heiligkeit gehen.

Um den Menschen zu retten, muss Gott gleichzeitig gerecht und gnädig sein. Für einen menschlichen Richter, der es mit einem großen Verbrechen zu tun hat, ist es unmöglich, zur gleichen Zeit vollkommen gerecht und sehr gnädig zu sein. Wenn er dem Verbrecher vergibt, mag er gnädig sein, aber nicht gerecht. Wenn er die verdiente Strafe ausspricht, ist er gerecht, aber nicht gnädig. Es ist möglich, ein bisschen gnädig und ein bisschen gerecht zu sein, aber Gott *muss* volle Gerechtigkeit üben und unendliche Gnade zeigen. Dies wurde durch den *freiwilligen* Tod Christi für uns erreicht. Als Christus am Kreuz starb, trug er die Strafe für die Sünden all derer, die ihn als Retter annehmen.

Weil die oben genannten Tatsachen im Allgemeinen nicht bekannt sind, fällt es vielen schwer zu glauben, dass Christus für uns gestorben ist. In der Tat sagt die Bibel: „Denn das Wort vom Kreuz ist denen, die verloren gehen, Torheit; uns aber, die wir errettet werden, ist es *Gottes Kraft*" (1. Korinther 1,18).

Dies wirft natürlich einige Fragen auf, die beantwortet werden müssen. Erstens: Warum musste es Christus sein? Es ist bekanntlich so, dass man etwas Wertvolles nicht durch etwas weniger

Wertvolles einlösen kann. Man kann zum Beispiel nicht wertvolle Juwelen im Wert von mehreren Tausend Euro mit zwanzig Euro einlösen. Ebenso muss der Erlöser der Menschheit jemand sein, dessen Wert in Gottes Augen unendlich ist und der so jeden retten kann, der ihn im Glauben aufnimmt. Gott sagte von Christus, dass er sein geliebter Sohn sei, an dem er Wohlgefallen gefunden habe. Die Bibel lehrt uns auch, dass es das Wohlgefallen der ganzen Fülle der Gottheit war, in ihm zu wohnen. Daher konnte er alle die erlösen, die an ihn glauben. Das könnte von keinem Propheten oder Apostel gesagt werden.

Eine weitere Voraussetzung für die Erlösung des gefallenen Menschen ist, dass der Erlöser sündlos sein muss – einer, der nie in Gedanken, Worten oder Taten gesündigt hat. Das trifft nur auf Christus und sonst niemanden zu. Alle Propheten und Apostel haben zugegeben, dass sie gesündigt haben. Mose hat seine Sünden und die Sünden seines Volkes in Psalm 90,8 bekannt, als er zu Gott sprach: „Du hast unsere Ungerechtigkeiten vor dich gestellt, unser verborgenes Tun vor das Licht deines Angesichts." Das war Mose, der große Prophet (Kalimullah). Was ist dann mit dir oder mit mir? Wegen eines Fehlers, der uns klein erscheinen mag, hat Gott ihm nicht gestattet, das Land zu betreten. Anstatt dem Fels zu befehlen, Wasser zu geben, wie Gott es gesagt hatte, schlug er den Fels mit dem Stab. Es erscheint uns nicht so schlimm, doch Gott sah es als Ungehorsam ihm gegenüber an, denn er tat nicht genau das, was Gott gesagt hatte.

Der große Prophet Jesaja fühlte, dass er völlig am Ende und verloren war, als er einen kurzen Eindruck von Gottes Heiligkeit bekam (Jesaja 6,1–5). David schwemmte sein Bett mit Tränen, wenn er an seine Sünden dachte (Psalm 6,7), und bat Gott, ihn zu reinigen und in ihm ein neues Herz zu schaffen (Psalm 51,12). Der Apostel Johannes sagte, dass wir lügen und uns selbst betrügen, wenn wir sagen, dass wir keine Sünde haben (1. Johannes 1,8). Der Apostel Petrus sagte zum Herrn Jesus: Ich bin ein sündiger Mensch, Herr (Lukas 5,8). Und der Apostel Paulus beschreibt sich selbst als den Ersten der Sünder (1. Timotheus 1,15). Wo können wir einen sündlosen Menschen finden? Nur in Christus. Von ihm sagt die Bibel, dass er „Sünde nicht kannte" (2. Korinther 5,21), „keine Sünde tat" (1. Petrus 2,22) und „Sünde nicht in ihm ist" (1. Johannes 3,5). Nur von ihm konnte gesagt werden, dass er keine Sünde getan hatte, keine Sünde kannte und dass in ihm keine Sünde ist. Deshalb konnte nur Christus der Erlöser der Menschheit sein, niemand sonst.

Zweitens: Könnten wir uns nicht selbst durch unsere guten Taten erretten? Leider glauben viele Menschen in fast allen Religionen, dass ihre guten Werke sie vor der Strafe für ihre Sünden retten könnten. Sie glauben, dass Gott am Tag des Gerichts ihre guten Werke auf die eine Seite der Waage und ihre schlechten Taten auf die andere Seite legen wird und dass so ihr Schicksal bestimmt wird. Aber kennt irgendeiner von uns das Gewicht jeder Sünde? Wie viel wiegt eine Lüge? Und was ist mit den vielen Lügen eines ganzen Lebens? Oder wie viel wiegen Unmoral, Unaufrichtigkeit, Habgier und all die anderen Sünden? Es ist wirklich ein beängstigender Gedanke. Sünde muss im Licht der Heiligkeit Gottes betrachtet werden und nicht auf der Grundlage unserer Einschätzung.

Wir wollen nun über unsere guten Werke nachdenken und wie viel sie wiegen. Wie viel kostet es, auf Erden einen Palast zu kaufen und darin fünfzig, sechzig oder einhundert Jahre zu wohnen? Und wie viel kostet es, einen Platz im Himmel für alle Ewigkeit zu verdienen? Freund, keiner von uns hat das, was nötig ist, um sich einen Platz im Himmel zu verdienen. Der Himmel ist Gottes Wohnstätte, und selbst wenn ein Mensch nie gesündigt hätte, so könnte er nur hoffen, dass er nicht in die Hölle geworfen wird, aber er hat keinen Anspruch auf den Himmel.

Weißt du, dass unsere guten Werke oft durch Stolz und das Verlangen nach menschlicher Anerkennung verdorben sind? Es ist nicht verwunderlich, dass der Prophet Jesaja sagte, dass unsere Gerechtigkeiten wie ein unflätiges Kleid sind (Jesaja 64,5). Er bezieht dies darauf, dass wir religiöse Aktivitäten ausführen und gleichzeitig sündigen. Ich habe einmal einen

Mann gesehen, der in der Eingangshalle eines großen, mehrstöckigen Wohnhauses betete. Während er betete, kam ein Junge herein und machte Lärm. Der betende Mann stieß daraufhin eine Flut von schmutzigen Worten aus und verfluchte ihn. Das Kind lief weg und der Mann nahm sein Gebet wieder auf. Kann ein solches Gebet angenommen werden, wie sehr der Mann auch seinen Körper gereinigt haben mochte? Wir sollten gute Taten und gutes Benehmen haben, doch sie können nicht unsere Sünden auslöschen. Das ist eine sehr wichtige Wahrheit: Gute Taten heben keine schlechten Taten auf. Wenn ein Mensch einen anderen tötet, ist er ein Mörder, ganz gleich, wie viele gute Taten er zuvor getan hat. Und wenn jemand auch nur einmal sündigt, ist er ein Sünder.

Es verwundert nicht, dass die Bibel uns sagt, dass niemand auf der Grundlage des Gesetzes vor Gott gerechtfertigt werden kann (Römer 3,20). Tatsache ist, dass das Gesetz Gottes uns nur zeigt, dass wir alle Sünder sind. Es ist verheerend, wenn wir auf unsere guten Werke vertrauen. Jesus Christus hat dies einmal anhand einer Geschichte verdeutlicht, die in Lukas 18,9–14 festgehalten ist. Er erzählte von zwei Männern, die zum Beten gingen. Der eine war ein sehr religiöser Mann aus einer sehr strengen Sekte, während der andere einer von den Zöllnern war, die für ihre Schlechtigkeit und Unehrlichkeit bekannt waren. Der religiöse Mann begann zu beten und dankte Gott, weil er nicht wie andere

Menschen, etwa die Wucherer, Ungerechten und Ehebrecher, war. Er dankte Gott auch, dass er nicht so ein schlechter Mensch war wie der Zöllner und dass er zweimal die Woche fastete (also 104 Tage im Jahr) und den Zehnten seines Einkommens für religiöse Zwecke gab. Der Zöllner betete auch, aber er wollte nicht einmal seine Augen zum Himmel aufheben. Er schlug sich an seine Brust und sprach: „O Gott, sei mir, dem Sünder, gnädig!“ (Lukas 18,13). Mit anderen Worten: Der eine war religiös und vollbrachte gute Taten und dachte, Gott würde ihn auf dieser Grundlage annehmen. Er dachte, dass er besser sei als andere, und menschlich gesehen war er das auch. Der andere gestand seine Sündhaftigkeit ein und bat Gott um Gnade. Wir wollen uns anhören, was Christus über sie sagte. Er erklärte, dass der Mann, der eingestand, dass er sündig ist und unwürdig, selbst seine Augen zum Himmel aufzurichten, als einer nach Hause ging, dem vergeben worden war. Im Gegensatz dazu hatte das Gebet des religiösen Mannes, der sich für besser hielt als andere, keinen Wert.

Drittens: Was ist mit einer Kombination aus guten Werken und Gottes Gnade? Anders ausgedrückt: Kann man zum Teil durch eigene Werke und zum Teil durch Gottes Gnade errettet werden? Das mag auf den ersten Blick einleuchtend erscheinen, und es ist auch das, was die meisten Menschen denken. „Wir tun unseren Teil“, sagen sie, „und Gott wird seinen tun.“ Doch was sagt Gott dazu? Er sagt, dass alles nur aus Gnade ist und nicht aus Werken. Gute Werke haben ihren Platz, aber sie sind *Früchte* der Errettung. Durch sie *verdienen* wir uns nicht die Errettung. Hier sind einige Verse aus der Bibel, dem inspirierten Wort Gottes:

„Denn durch *Gnade* seid ihr errettet, mittels des Glaubens; und das nicht aus euch, Gottes Gabe ist es; nicht aus Werken, damit niemand sich rühme“ (Epheser 2,8–9).

„Jesus Christus ... In dem wir die Erlösung haben durch sein Blut, die Vergebung der Vergehungen, nach dem Reichtum seiner *Gnade*“ (Epheser 1,7).

„... und werden umsonst gerechtfertigt durch seine *Gnade*, durch die Erlösung, die in Christus Jesus ist“ (Römer 3,24).

In diesen Versen sehen wir, dass wir durch seine *Gnade* bzw. unverdiente Gunst errettet werden. Wir lernen außerdem, dass diese Gnade auf der Grundlage des Erlösungswerkes Christi am Kreuz angeboten wird. Die Gnade ist Gottes Angebot an die Menschen, und der Glaube ist das Annehmen des göttlichen Angebotes durch den Menschen. In Römer 11,6 erfahren wir außerdem, dass, wenn es durch Gnade ist, es nicht aus Werken sein kann. Das ist Gottes klare Lehre in seinem von ihm inspirierten Wort. Viele stellen jedoch die Frage: Wenn die Errettung aus Gnade durch den Glauben ist, kann man dann glauben und danach tun, was man will, und trotzdem errettet sein? Die Antwort ist, dass ein echter Gläubiger nur das tun möchte, was Gott gefällt. Echter Glaube, d. h., dass man Christus in sein Herz aufnimmt, geht mit einer neuen, geistlichen Geburt einher. Die Person wird eine neue Person, die Gerechtigkeit liebt und das Böse hasst. Glaube, der keine Veränderung im Leben einer Person bewirkt, ist kein wirklicher Glaube. Das heißt nur, dass man mit einem Glaubensbekenntnis übereinstimmt.

Viertens: Ist es fair, dass Gott Jesus für unsere Sünden bestraft hat? Wir müssen begreifen, dass Christus sich selbst freiwillig zu unserer Errettung geopfert hat. Er wurde nicht dazu gezwungen. Er sagte seinen Jüngern, dass er gekommen ist, um „sein Leben zu geben als Lösegeld für viele“ (Matthäus 20,28). Er sagte auch: „Ich bin der gute Hirte; der gute Hirte lässt sein Leben für die Schafe“ (Johannes 10,11). Als er über seinen Tod und seine Auferstehung sprach, sagte er außerdem: „Darum liebt mich der Vater, weil ich mein Leben lasse, damit ich es wiedernehme. Niemand nimmt es von mir, sondern ich lasse es von mir selbst. Ich habe Gewalt, es zu lassen, und habe Gewalt, es wiederzunehmen. Dieses Gebot habe ich von meinem Vater empfangen“ (Johannes 10,17.18). Wir sehen also, dass er freiwillig starb und dass sein Wille dem Willen seines Vaters völlig entsprach. Dies alles sollte uns seine Liebe deutlich machen, die den menschlichen Verstand übersteigt, und sollte uns dazu führen, ihn zu lieben und ihm zu danken.

Zusammenfassend sehen wir also, dass der Tod Christi eine eindeutige, unbestreitbare historische Tatsache ist und dass er für unsere Errettung notwendig war. Wir haben auch gesehen, dass niemand sonst unser Erretter hätte sein können und dass Christus freiwillig gestorben ist. Des Weiteren haben wir gesehen, dass wir uns selbst nicht retten können. Gott hat sehr deutlich erklärt, dass es keine andere Rettung gibt, außer Jesus Christus, „denn es ist auch kein anderer Name unter dem Himmel, der unter den Menschen gegeben ist, in dem wir errettet werden müssen“ (Apostelgeschichte 4,12).

Gott aber erweist seine Liebe zu uns darin, dass Christus, da wir noch Sünder waren, für uns gestorben ist. *(Römer 5,8)*

3. Die Dreieinheit

Ist die Dreieinheit gleichbedeutend mit Polytheismus (Vielgötterei)?

Bevor wir dieses wichtige Thema besprechen, ist es notwendig, dass wir uns der grundsätzlichen Tatsache bewusst sind, dass die Bibel uns lehrt, dass es nur *einen* Gott gibt. Sowohl das Alte als auch das Neue Testament lehren uns diese grundlegende Tatsache. Hier sind einige Zitate:

„So erkenne denn heute und nimm zu Herzen, dass der HERR der Gott ist im Himmel oben und auf der Erde unten, keiner sonst" (5. Mose 4,39).

„Höre, Israel: Der HERR, unser Gott, ist *ein* HERR! Und du sollst den HERRN, deinen Gott, lieben mit deinem ganzen Herzen und mit deiner ganzen Seele und mit deiner ganzen Kraft" (5. Mose 6,4.5).

„So spricht der HERR ...: Ich bin der Erste, und ich bin der Letzte, und außer mir ist kein Gott" (Jesaja 44,6).

„Ich bin der HERR, und sonst ist keiner, außer mir ist kein Gott" (Jesaja 45,5).

„Es ist sonst kein Gott außer mir; ein gerechter und rettender Gott ist keiner außer mir! Wendet euch zu mir und werdet gerettet, alle ihr Enden der Erde!

Denn ich bin Gott und keiner sonst“ (Jesaja 45, 21.22).

„Haben wir nicht alle *einen* Vater? Hat nicht *ein* Gott uns geschaffen?“ (Maleachi 2,10).

„Denn es steht geschrieben: ‚Den Herrn, deinen Gott, sollst du anbeten und ihm allein dienen‘“ (Matthäus 4,10).

„... denn er ist *einer*, und außer ihm ist kein anderer“ (Markus 12,32).

„Wie könnt *ihr* glauben, die ihr Ehre voneinander nehmt und die Ehre, die von Gott allein ist, nicht sucht?“ (Johannes 5,44).

„Ein Mittler aber ist nicht Mittler von *einem*; Gott aber ist *einer*“ (Galater 3,20).

„Denn Gott ist *einer*, und *einer* ist Mittler zwischen Gott und Menschen, der Mensch Christus Jesus“ (1. Timotheus 2,5).

„Du glaubst, dass Gott *einer* ist, du tust recht“ (Jakobus 2,19).

Es könnten noch weit mehr Verse zitiert werden, um diese grundsätzliche Tatsache zu beweisen, dass die Bibel uns sehr klar und sehr nachdrücklich lehrt, dass es nur *einen Gott* gibt.

Es ist demnach offensichtlich, dass die christliche Lehre, die auf der Bibel beruht, kein Polytheismus ist.

Die Bedeutung der Dreieinheit

Was ist nun unter Dreieinheit zu verstehen? Das Wort Dreieinheit gibt es nicht in der Bibel. Einige verwenden das Wort Dreieinigkeit, doch auch das gibt es nicht in der Bibel. Vielmehr ist es der aufrichtige Versuch, mit menschlicher Sprache die majestätische Wahrheit über die Natur und das Wesen Gottes zu beschreiben. Jedem vernünftigen Menschen muss klar sein, dass bestimmte Tatsachen über Gott das menschliche Verständnis übersteigen.

Wir haben bereits gesehen, dass die Bibel lehrt, dass es nur *einen* Gott gibt. Und doch hat sich dieser eine Gott in *drei Personen* offenbart: Gott, der Vater und Gott, der Sohn und Gott, der Heilige Geist. Die Gottheit besteht von Ewigkeit zu Ewigkeit in drei Personen: Vater, Sohn und Heiliger Geist. Das ist mit dem Ausdruck Dreieinheit gemeint.

Die göttliche Einheit ist anders als die menschliche Einheit. Der Mensch ist durch seine Einheit eingeschränkt. Das trifft auf alle geschaffenen Wesen zu. Man kann nicht gleichzeitig in Kairo, Ägypten, und in Rabat, Marokko, sein. Doch können wir dasselbe von dem einen wahren und lebendigen Gott, dem Schöpfer, sagen? Natürlich nicht. Gott kann, wenn er das möchte, zur selben Zeit auf seinem Thron im Himmel und auf der Erde sein. Das bedeutet nicht, dass ein Teil von ihm im Himmel und ein Teil auf der Erde ist, denn Gott ist nicht geteilt. Er kann zur selben Zeit mit seiner ganzen Herrlichkeit und Majestät auf seinem Thron im Himmel und auf der Erde sein, weil er Gott ist. Wir können dies nicht mit physikalischen oder mathematischen Gesetzen analysieren, weil Gott über all diesen Gesetzen steht. Er hat seine Schöpfung unter die Gesetze der Mathematik, Physik, Chemie usw. gestellt, aber er selbst steht über diesen Gesetzen. Wenn es um geschaffene Wesen oder um Materie geht, können wir sagen, dass 1 + 1 + 1 = 3 ist. Aber Gott ist ein Geist. Er unterliegt diesen Gesetzen nicht. Wen dies frustriert, der ist eigentlich frustriert darüber, dass er selbst nicht Gott ist! Um es noch einmal zu sagen: Gott kann zur selben Zeit im Himmel und auf dieser Erde sein und dabei trotzdem *ein* Gott sein und nicht zwei. Genau das ist geschehen, als Christus als Mensch auf diese Erde kam. Die einzige Möglichkeit, Tatsachen über Gott kennenzulernen, ist durch das, was er uns in den Heiligen Schriften offenbaren wollte. In den Heiligen Schriften sagt Gott uns deutlich über Christus: „Und anerkannt groß ist das Geheimnis der Gottseligkeit: Er, der offenbart worden ist im Fleisch" (1. Timotheus 3,16). Dies bezeichnet man im Allgemeinen als Menschwerdung – ein weiteres Wort, das nicht in der Bibel zu finden ist, aber die biblische Tatsache beschreibt.

Die Menschwerdung

Dieser Ausdruck beschreibt die Tatsache, dass Gott in einem menschlichen Körper auf diese Erde gekommen ist. Dies mag zumindest einigen auf den ersten Blick befremdlich erscheinen und für sie schwer zu glauben sein. Und doch lehrt es uns, dass Gottes Liebe zu den Menschen sehr groß ist – eine Liebe, die den menschlichen Verstand übersteigt. Wir, die wir eine sündige Natur haben, können uns eine solche Liebe nicht vorstellen. Doch Gottes Liebe ist göttlich. Wir lernen dadurch auch, dass der Mensch in Gottes Augen sehr wertvoll ist. Wir haben schon darüber gesprochen, aber es ist gut, sich daran zu erinnern, dass Gott zu der Zeit, als er den Menschen schuf, eine enge Beziehung zu ihm hatte. Er besuchte ihn und redete mit ihm im Garten Eden. Diese Gemeinschaft wurde durch die Sünde zerbrochen, doch Gott wollte sie wiederherstellen. Sonst würde es scheinen, als ob Satan die Schlacht gewonnen hätte, und das kann nicht sein.

Die Menschwerdung war außerdem ein „Muss" für das Werk der Erlösung. Wenn wir über Menschwerdung reden, mag es helfen, wenn wir dies anhand der Geschichte illustrieren. Viele von uns haben von großen Königen gehört, die mit einfachen Kleidern getarnt und ohne königliche Pracht in die Häuser der Armen gingen, um mit ihnen zu reden und ihre Bedürfnisse zu erfahren, ohne sie zu erschrecken. Ich habe einst gelesen, dass der Kalif Omar Ibn Al Khattab dies getan hat, als er der zweite Kalif war. Zweifellos bewundern wir solche Männer und ihre noblen Taten. Je größer die Person ist, die eine solche demütige Stellung einnimmt, desto mehr bewundern wir sie. Doch wer ist der Edelste und Größte von allen? Ist es nicht Gott, der uns alle geschaffen hat? Wenn er als Mensch auf diese Erde kommen wollte, kann es ihm einer von uns verbieten? Auf diese wunderbare Weise konnten wir Gott erkennen.

Ich habe einmal eine Geschichte von einem Jungen gelesen, der fasziniert zusah, wie eine lange Schlange von Ameisen eine Straße überquerte. Dann sah er in der Ferne ein Auto, das die Straße herabkam, und er fing an, den Ameisen zuzurufen, dass sie aus dem Weg gehen sollen, damit das Auto sie nicht tötet. Ein alter Mann hörte ihn und fragte ihn, was er da mache. Als der Junge es ihm erzählte, sagte der alte Mann zu ihm: „Junge, wenn du möchtest, dass die Ameisen dich verstehen, dann musst du eine von ihnen werden." Gott kam als Mensch hierher, weil wir ohne die Menschwerdung nicht in der Lage wären, Gott zu erkennen, wie wir ihn erkennen möchten. Darum sagte Christus: „Wer mich gesehen hat, hat den Vater gesehen" (Johannes 14,9). In Johannes 1,18 wird uns gesagt, dass kein Mensch Gott je gesehen hat, doch Gottes einziger Sohn, Jesus Christus, ist es, der ihn uns offenbart hat.

Das stellt uns vor eine interessante Frage: Was meinen wir damit, wenn wir sagen, dass Jesus der

Sohn Gottes ist? Niemand, der bei Verstand ist, wird denken, dass Gott eine Ehefrau oder eine Geliebte hätte. Ein solcher Gedanke ist für jeden abstoßend, der den wahren und lebendigen Gott anbetet, der die Himmel und die Erde gemacht hat. Die Heiden des Altertums, die selbst gemachte, verderbte Götter anbeteten, hatten solche Gedanken. Doch ein Christ weiß, dass Gott Geist ist, und die bloße Erwähnung eines solchen Gedankens ist ihm zuwider. Bevor wir erklären, was die Sohnschaft Christi bedeutet, muss betont werden, dass dieser Gedanke nicht von Christen hervorgebracht wurde. Gott selbst war es, der diese Tatsache verkündet hat.

Als Gott den Engel Gabriel zu der Jungfrau Maria sandte, redete dieser mit ihr: „Und er kam zu ihr herein und sprach: Sei gegrüßt, Begnadete! Der Herr ist mit dir. Sie aber wurde über das Wort bestürzt und überlegte, was für ein Gruß dies sei. Und der Engel sprach zu ihr: Fürchte dich nicht, Maria, denn du hast Gnade bei Gott gefunden; und siehe, du wirst im Leib empfangen und einen Sohn gebären, und du sollst seinen Namen Jesus nennen. Dieser wird groß sein und *Sohn des Höchsten* genannt werden" (Lukas 1,28–32).

Als Maria überrascht war und sagte: „Wie kann das sein, da ich ja keinen Mann kenne?", antwortete er und sprach: „Der Heilige Geist wird auf dich kommen, und Kraft des Höchsten wird dich überschatten;

darum wird auch das Heilige, das geboren werden wird, *Sohn Gottes* genannt werden" (Lukas 1,35).

Die Tatsache, dass er der Sohn Gottes ist, wurde also der Jungfrau Maria von Gott selbst durch den Engel Gabriel verkündet, bevor sie schwanger wurde.

Diese Tatsache wurde auch hörbar durch Gott zu Beginn des öffentlichen Dienstes Christi verkündet. Bevor Jesus seinen Dienst aufnahm, ging er hin, um Johannes den Täufer am Fluss Jordan zu sehen und von ihm getauft zu werden, wodurch er den Beginn seines Dienstes vor Gott und den Menschen erklärte. Als Jesus aus dem Wasser herauskam, erging eine Stimme „aus den Himmeln, die spricht: Dieser ist mein geliebter Sohn, an dem ich Wohlgefallen gefunden habe" (vgl. Matthäus 3,13–17; dies wird auch in den anderen Evangelien erwähnt).

Und gegen Ende des Dienstes Christi, bevor er an das Kreuz ging, verkündigte Gott erneut dieselbe Tatsache. In Matthäus 17,1–5 erfahren wir, dass Jesus drei seiner Jünger auf einen hohen Berg mitnahm. Dort leuchtete sein Gesicht so hell wie die Sonne, seine Kleider wurden weiß wie das Licht und bei ihm erschienen zwei Propheten, Mose und Elia (Elias). Dann überschattete sie eine helle Wolke, und plötzlich kam eine Stimme aus der Wolke, die sprach: „Dieser ist mein geliebter Sohn, ... ihn hört." Dies ist auch im Markus- und im Lukasevangelium festgehalten. Wenn Gott selbst Jesus seinen geliebten Sohn nannte, kann ihm dann jemand von uns widersprechen? Kann jemand zu Gott sagen, dass er dies nicht sagen sollte?

Es könnten noch viele andere Verse zitiert werden, um zu zeigen, dass die Bibel klar aussagt, dass Christus der ewige Sohn Gottes ist. Doch die oben aufgeführten wurden ausgewählt, um zu zeigen, dass es Gott selbst war, der Jesus seinen Sohn nannte.

Was bedeutet die Sohnschaft Christi? Wir haben gesehen, dass es nicht bedeutet, dass Gott – gesegnet sei sein Name – eine Ehefrau oder eine Geliebte hatte. Ein solcher Gedanke ist in der Tat blasphemisch und abscheulich. Es bedeutet, dass Christus vom selben Wesen ist wie Gott. Der Sohn eines Menschen ist ebenso ein Mensch. Der Sohn eines Tieres ist ein Tier. Die Sohnschaft Christi ist geistlich und nicht physisch. Sie ist nicht das Ergebnis einer geschlechtlichen Beziehung. In allem, was darüber hinausgeht, müssen wir uns anbetend verneigen und glauben, was Gott uns über sich selbst sagt, indem uns bewusst ist, dass der menschliche Verstand begrenzt ist. Der menschliche Verstand ist endlich, und das Endliche kann das Unendliche nicht begreifen oder erforschen. Vor der Erneuerung, die durch den Glauben an Christus geschieht, ist der menschliche Verstand geistlich gesehen in äußerster Finsternis. Wenn man Christus als Herrn und Erretter annimmt, verschwindet die Verwirrung und die Seele wird erleuchtet.

Die folgenden Verse aus der Bibel helfen uns, die Einheit der Gottheit zu verstehen.

Als er von den Gläubigen sprach, sagte Jesus: „Meine Schafe hören meine Stimme, und ich kenne sie, und sie folgen mir; und ich gebe ihnen ewiges Leben, und sie gehen nicht verloren in Ewigkeit, und niemand wird sie aus meiner Hand rauben. Mein Vater, der sie mir gegeben hat, ist größer als alles, und niemand kann sie aus der Hand meines Vaters rauben. *Ich und der Vater sind eins*" (Johannes 10,27–30).

Als er mit seinen Jüngern sprach, sagte er ihnen zweimal in Johannes 14,8–11, dass *„ich in dem Vater bin und der Vater in mir ist"*.

Der Heilige Geist ist auch Gott und ist eins mit dem Vater und dem Sohn. Als ein Mann namens Ananias log, sagte der Apostel Petrus zu ihm: „Ananias, warum hat der Satan dein Herz erfüllt, dass du den Heiligen Geist belogen ... hast? ... Nicht Menschen hast du belogen, sondern Gott" (Apostelgeschichte 5,1–4).

Bevor Christus in den Himmel aufstieg, befahl er seinen Jüngern, hinzugehen und allen Nationen die Botschaft von der Errettung zu verkünden und die Menschen zu lehren, was er sie gelehrt hatte. Er sagte auch: „... und tauft sie auf den Namen des Vaters und des Sohnes und des Heiligen Geistes"

(Matthäus 28,18). Man beachte, dass er nicht „auf die Namen" sagte, sondern „auf den Namen", denn es ist *ein* Name – der Name des einzig wahren und lebendigen Gottes. Ein Geheimnis, ja, aber auch eine göttliche Tatsache, die klar im inspirierten Wort Gottes gelehrt wird.

Mit dieser Tatsache ist eine sehr bedeutsame und kostbare Wahrheit verbunden. Wir sehen die Liebe des Vaters, der seinen Sohn sandte, der eins ist mit ihm, um uns vor der Verdammnis zu retten. Die Bibel sagt, dass Gott seinen eingeborenen (wörtlich: seinen einzigen, d. h. einzigartigen) Sohn für uns in diese Welt sandte, „damit jeder, der an ihn glaubt, nicht verloren gehe, sondern ewiges Leben habe" (Johannes 3,16). Wir sehen auch die Liebe Christi, der freiwillig für uns starb, damit wir Vergebung erfahren und ewiges Leben haben können, wenn wir an ihn glauben und ihn durch den Glauben in unser Herz aufnehmen. Und es ist der Heilige Geist, der Geist Gottes, der uns von unseren Sünden überführt und uns zur Umkehr und zum Glauben an Christus führt. Wir sehen also das Werk Gottes zu unserem Segen.

Die Lehre von der Dreieinheit löst auch ein anderes Problem. Sie beantwortet die Frage, die viele verwirrt. War nicht Gott, bevor er irgendjemanden oder irgendetwas erschuf, ein Gott der Liebe? Wen hat er damals geliebt? Mit wem hatte er Gemeinschaft? Die Antwort auf diese Frage liegt in der einzigartigen Natur der Einheit Gottes, wie sie oben beschrieben wird. Die folgenden Verse veranschaulichen dies.

Kurz bevor Christus ans Kreuz ging, um für uns zu sterben, hob er seine Augen zum Himmel und sagte: „Und nun verherrliche du, Vater, mich bei dir selbst mit der Herrlichkeit, die ich bei dir hatte, *ehe die Welt war* ..., denn du hast mich geliebt *vor Grundlegung der Welt*" (Johannes 17,5.24).

Aus dem, was wir in diesem Kapitel gesehen haben, wird offensichtlich, dass Christus nicht ein bloßer Mensch gewesen ist. Es genügt nicht zu glauben, dass er ein Prophet oder ein Apostel oder ein großer Lehrer oder ein großartiger Wunderwirker war. Er ist Gott, offenbart im Fleisch. Dies ist der Stolperstein für viele Ungläubige. Es war der Stolperstein für die Juden, die seinen Tod forderten. Sie suchten ihn zu töten, „weil er nicht nur den Sabbat brach, sondern auch Gott seinen eigenen Vater nannte, sich selbst Gott gleichmachend" (Johannes 5,18). Von dem römischen Regenten Pontius Pilatus verlangten sie, dass er ihn kreuzige, indem sie sagten: „Wir haben ein Gesetz, und nach dem Gesetz muss er sterben, weil er sich selbst zu Gottes Sohn gemacht hat" (Johannes 19,7). Doch Christus sagte deutlich: „... wenn ihr nicht glaubt, dass ich es bin, so werdet ihr in euren Sünden sterben" (Johannes 8,24). Die Wahl ist also sehr klar: Man kann sich entweder auf die Seite der ungläubigen Juden stellen, die in ihren Sünden starben, weil sie sich weigerten, an die Gottheit Christi zu glauben, oder man glaubt der eindeutigen Lehre des Wortes Gottes.

Es gibt viele Beweise für die Göttlichkeit Christi, und ein ganzes Buch wäre nötig, um sie alle im Einzelnen darzustellen. Um es kurz zu machen, hier nur ein paar Beispiele. Das Alte Testament sagt deutlich aus: „Und man nennt seinen Namen: Wunderbarer, Berater, starker *Gott*, Vater der Ewigkeit, Friedefürst" (Jesaja 9,5). Im Neuen Testament nennt man ihn „aller Herr" (Apostelgeschichte 10,36) und „Herrn der Herrlichkeit" (1. Korinther 2,8), „der über allem ist, Gott, gepriesen in Ewigkeit" (Römer 9,5).

Seine Wunder bezeugen seine Gottheit. Christus selbst behauptete, Gott zu sein, und seine Wunder haben die Wahrheit seiner Aussage belegt. Er heilte die Kranken, reinigte die Aussätzigen, öffnete die Augen der Blinden und weckte Tote auf. Er speiste fünftausend Männer und ihre Frauen und Kinder mit fünf Broten und zwei Fischen. Das war ein Schöpfungsakt. Sogar der Koran behauptet, dass er einen Vogel erschuf und ihm Leben gab. Der Schöpfer von Leben zu sein, bedeutet, Gott zu sein. Christus demonstrierte außerdem seine Macht über die Natur. Er befahl den stürmischen Winden und Wellen, still zu werden, und sie gehorchten ihm sofort. Er ging auf dem Wasser des Sees und tat viele andere Wunder.

Christus tat nicht nur all diese Wunder, sondern er gab auch seinen Jüngern Gewalt „über unreine Geister, sie auszutreiben, und jede Krankheit und jedes Gebrechen zu heilen“ (Matthäus 10,1). In seinem Namen vollbrachten sie Wunder, doch Jesus vollbrachte die Wunder in der Kraft seines eigenen Namens. Selbst nachdem er in den Himmel aufgefahren war, vollbrachten seine Jünger Wunder der Heilung in der Kraft des Namens Jesu. Petrus konnte zu dem Mann, der seit seiner Geburt lahm war, sagen: „In dem Namen Jesu Christi, des Nazaräers, steh auf und geh umher!“, und der Mann stand sofort auf und ging umher (Apostelgeschichte 3,6). In der Tat, was für ein herrlicher Name!

Die Bibel erklärt nachdrücklich, dass wir nur durch Christus gerettet werden können: „Und es ist in keinem anderen das Heil, denn es ist auch kein anderer Name unter dem Himmel, der unter den Menschen gegeben ist, in dem wir errettet werden müssen“ (Apostelgeschichte 4,12). Des Weiteren sagt sie: „Diesem geben alle Propheten Zeugnis, dass jeder, der an ihn glaubt, Vergebung der Sünden empfängt durch seinen Namen“ (Apostelgeschichte 10,43). Es war nicht der Fall und auch nicht möglich, dass dies über einen bloßen Menschen gesagt wurde, und sei er auch ein Prophet oder Apostel. Weder Abraham noch Mose noch irgendein anderer Prophet hätten zu den Menschen sagen können, dass ihnen vergeben würde und sie ewiges Leben empfingen, wenn sie einen von ihnen in ihr Herz aufnahmen.

Als der Räuber neben Jesus am Kreuz Buße tat und ihn bat, dass Christus sich seiner erinnerte, versprach Christus ihm, dass er noch am selben Tag mit ihm im Paradies sein werde. Kein bloßer Mensch hätte einem sterbenden Räuber ein solches Versprechen geben können (vgl. Lukas 23, 39–43).

Wenn der schlimmste Sünder Christus annimmt, verändert sich sein Leben und er wird eine neue Person. Dies ist ein Beweis dafür, dass Christus nicht nur ein Prophet oder Apostel ist. In der Tat haben die Apostel selbst bestätigt, dass sie die Apostel und Diener Christi sind. Man wird nicht Christ, indem man ein Kind christlicher Eltern ist, ein Glaubensbekenntnis aufsagt oder einer Kirche beitritt, sondern indem man Christus durch den Glauben in sein Herz aufnimmt. Dadurch beginnt das göttliche Werk in einem Menschen und er wird errettet und kann sicher sein, dass er in den Himmel kommen wird, wenn sein Leben auf dieser Erde zu Ende ist.

Die herrlichste Aussage und die schönste Botschaft für die gefallene und sündige Menschheit ist diese:

Denn so hat Gott die Welt geliebt, dass er seinen eingeborenen Sohn gab, damit jeder, der an ihn glaubt, nicht verloren gehe, sondern ewiges Leben habe. *(Johannes 3,16)*

Bevor ich nun diese Erörterung abschließe, möchte ich noch einen sehr wichtigen Punkt betonen. Es wurde bereits zuvor erwähnt, dass wir nur durch Gottes Gnade errettet werden können, durch den Glauben an unseren Herrn Jesus Christus, der für uns gestorben ist, damit jeder, der an ihn glaubt, nicht verloren geht, sondern Vergebung seiner Sünden und ewiges Leben erhält. Die Bibel sagt, dass das Gesetz durch Mose gegeben wurde, die Gnade und Wahrheit aber durch Jesus Christus geworden ist (Johannes 1,17). Das Gesetz Moses fordert Strafe. Es hat uns gezeigt, dass wir alle Sünder sind und es verdienen, verloren zu gehen. Doch echter Glaube an Jesus Christus macht aus uns neue Menschen. Die Bibel lehrt uns, dass die, die an Christus glauben, das heißt ihn in ihr Herz aufnehmen, durch eine neue und geistliche Geburt Kinder Gottes sind (vgl. Johannes 1,12–13). Doch die Gnade, die uns errettet, zeigt uns auch, wie wir ein gottesfürch-tiges Leben führen können.

Was ist zum Beispiel mit einem Mann, der ein Dieb gewesen ist? Die Gnade lehrt ihn, nicht mehr zu stehlen, „sondern [er] arbeite vielmehr und wirke mit seinen Händen das Gute, damit er dem Bedürftigen etwas zu geben habe" (Epheser 4,28). Was für eine Veränderung! Ihm die Hände abzuhauen, würde sein Herz nicht ändern. Doch der Glaube an Christus tut es. Dies trifft auf alle anderen Sünden ebenso zu. Der wahre Gläubige wird belehrt, dass er völlig dem Herrn gehört: mit Geist, Seele und Körper.

Einige der Gläubigen in Korinth in Griechenland waren vor ihrer Errettung sehr schlechte Menschen. Der Apostel Paulus schrieb ihnen: „Und solches sind einige von euch gewesen; aber ihr seid abgewaschen, aber ihr seid geheiligt, aber ihr seid gerechtfertigt worden in dem Namen des Herrn Jesus und durch den Geist unseres Gottes" (1. Korinther 6,11).

Christus wurde von den religiösen Führern kritisiert, weil er Sünder annahm, mit ihnen aß und sie lehrte. Daraufhin erzählte er ihnen das Gleichnis vom verlorenen Sohn, der sein Zuhause verließ, sein Geld verschleuderte und sehr arm wurde. Doch schließlich „kam er zu sich selbst", gestand sich seine Eigensinnigkeit ein und entschied sich, zu seinem Vater zurückzukehren, um ihm sein Fehlverhalten zu bekennen und ihn zu bitten, ihn als Tagelöhner anzunehmen. Er gab zu, dass er es nicht verdiente, als Sohn angenommen zu werden, weil er gegen seinen Vater und gegen den Himmel gesündigt hatte. Doch als sein Vater ihn in der Ferne sah, hatte er Mitleid mit ihm, lief ihm entgegen und umarmte und küsste ihn. Christus wollte, dass wir das Herz des himmlischen Vaters erkennen, der sich nach unserer Rückkehr zu ihm sehnt. Der Vater nahm ihn nicht nur auf, sondern er veränderte auch seine Position. Er gab ihm die besten Kleider, veranstaltete ein Festmahl für ihn und sagte, dass sein Sohn verloren war und jetzt gefunden sei, dass er tot war und jetzt lebe. Er erklärte seinen Zuhörern, dass der Himmel und die Engel jubeln über einen

Sünder, der Buße tut. Bitte lesen Sie Lukas 15. Seine Gnade rettet uns, verändert uns und bereitet uns auf die Zeit vor, wenn wir für immer bei ihm sein werden.

„Denn die Gnade Gottes ist erschienen, heilbringend für alle Menschen, und unterweist uns, damit wir, die Gottlosigkeit und die weltlichen Begierden verleugnend [d.h. nichts damit zu tun habend], besonnen und gerecht und gottselig leben in dem jetzigen Zeitlauf, indem wir erwarten die glückselige Hoffnung und Erscheinung der Herrlichkeit unseres großen Gottes und Heilandes Jesus Christus, der sich selbst für uns gegeben hat, damit er uns von aller Gesetzlosigkeit loskaufte und sich selbst ein Eigentumsvolk reinigte, das eifrig sei in guten Werken" (Titus 2,11–14).

Zusammenfassung

Dieses Buch wurde geschrieben, um jene biblischen Tatsachen zu erklären, die eine Schwierigkeit für den aufrichtig Suchenden darstellen, der lieber die Wahrheit haben möchte als irgendetwas, das diese Welt zu bieten hat. Mein Ziel ist es weder, die Glaubensansichten einer Person anzugreifen, noch die Überlegenheit einer Gruppe von Menschen über eine andere zu beweisen. Wir sind alle Sünder und haben alle die Gebote Gottes gebrochen. Wir brauchen daher alle Gottes Errettung durch seine

Gnade und durch den Glauben an ihn und sein Wort. Gott hat uns in der Bibel klar den Weg der Errettung aufgezeigt. Er hat uns auch gezeigt, wie wir sicher sein können, dass wir die volle Vergebung unserer Sünden haben und nie in die Hölle kommen werden, und wie wir mit Sicherheit wissen können, dass wir in den Himmel kommen werden. Aus diesem Grund ging es zunächst darum, zu beweisen, dass die Bibel nie verändert wurde und dass sie das inspirierte Wort Gottes ist. Dieser Beweis war notwendig, weil sonst die übrige Erörterung ohne Wert gewesen wäre, da sie gänzlich auf den Aussagen der Bibel basiert.

Gott „will, dass alle Menschen errettet werden und zur Erkenntnis der Wahrheit kommen" (1. Timotheus 2,4). Dies ist auch unser Wunsch. Dieses Büchlein wurde aus Freundschaft und Liebe heraus geschrieben und nicht, um Streit zu suchen oder zu beleidigen. Eigene religiöse Ansichten zu ändern ist eine ernste und oft sehr schmerzhafte Angelegenheit, weil wir von unserer frühen Kindheit an mit diesen Ansichten aufwachsen und sie mit der Zeit immer tiefere Wurzeln in uns schlagen. Sie zu verändern, wurde einmal damit verglichen, „Glied von Glied zu trennen oder das Fleisch von unseren Knochen zu reißen", zweifellos eine sehr schmerzhafte Prozedur. Doch am Ende ist es immer das Beste, die Wahrheit zu kaufen und sie nicht zu verkaufen (Sprüche 23,23).

Christus sagte einmal: „Wenn ihr in meinem Wort bleibt, seid ihr wahrhaft meine Jünger; und ihr werdet die Wahrheit erkennen, *und die Wahrheit wird euch frei machen*" (Johannes 8,31.32).

Die Bibel

Die Bibel besteht aus zwei Teilen: dem Alten Testament und dem Neuen Testament. Das Alte Testament wurde aus dem Hebräischen und das Neue Testament aus dem Griechischen übersetzt.

Die Bibel, das Wort Gottes, ist einzigartig in ihrer Entstehung, Überlieferung, Verbreitung und Aktualität. Doch die Bibel ist auch ein Buch, das immer wieder angegriffen, bekämpft und kritisiert wurde. Niemand konnte jedoch das Buch der Bücher besiegen.

Die Bibel (Elberfelder Übersetzung, Edition CSV Hückeswagen)
ISBN: 978-3-89287-016-6
Best.-Nr. C 257.016 € 8,00 (Preisänderung vorbehalten)

Das Neue Testament und die Psalmen

Das Neue Testament berichtet über das Leben und Wirken von Jesus Christus.

Kleines, sehr handliches Format.
Kartoniert, mit Überschriften.
Größe 8,5 x 13 x 1,4 cm.

ISBN: 978-3-89287-049-4
Best.-Nr. C 257.049 € 1,00
(Preisänderung vorbehalten)

Hörbibel Neues Testament (MP3)

Der Bibeltext wird von einem professionellen Sprecher gut verständlich vorgetragen – eine aufwändige Produktion von Peter Heinrich.

Eine MP3-CD
ISBN: 978-3-89287-041-8
Best.-Nr. C 257.041 € 39,90 (Preisänderung vorbehalten)

Die Bibel – ihre Geschichte und Überlieferung

Diese kleine, bebilderte Broschüre veranschaulicht eindrucksvoll die 3500-jährige Geschichte der Bibel.

35 Seiten, geheftet
ISBN: 978-3-89287-860-5
Best.-Nr. C 257.860 € 1,90 (Preisänderung vorbehalten)

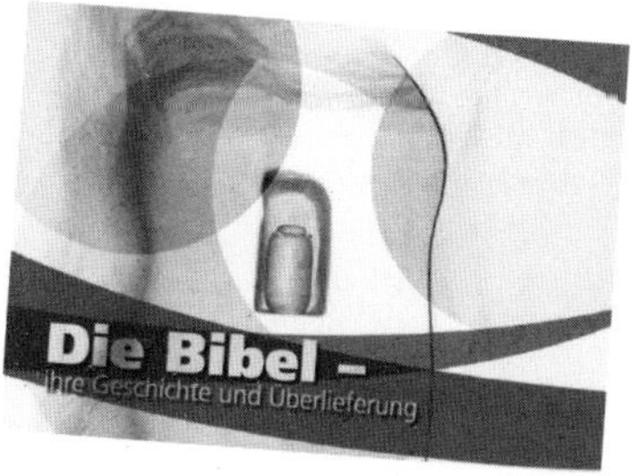

Christliche Schriftenverbreitung
Postfach 100 153
42490 Hückeswagen
E-Mail: info@csv-verlag.de
www.csv-verlag.de